LE PARC

ET

LES GRANDES EAUX

DE VERSAILLES

PARIS. — IMPRIMERIE DE CH. LAHURE
Rue de Fleurus, 9

COLLECTION DES GUIDES-JOANNE

LE PARC

ET

LES GRANDES EAUX

DE VERSAILLES

PARIS

LIBRAIRIE DE L. HACHETTE ET Cie

BOULEVARD SAINT-GERMAIN, N° 77

—

1864

Vue à vol d'oiseau du château de Versailles, prise de l'avenue de Paris.

La Cour royale.

LE PARC ET LES GRANDES EAUX

DE VERSAILLES.

Les grandes eaux de Versailles offrent un magnifique spectacle, qui attire, huit ou dix fois par été, cinquante ou soixante mille curieux. Pour transporter une pareille foule, les chemins de fer de l'Ouest doivent faire des prodiges d'activité. Aussi, outre les trains réglementaires d'heure en heure, des trains supplémentaires partent-ils des gares Montparnasse (rive gauche), et Saint-Lazare (rive droite) suivant les nécessités du service ($V.$ les indicateurs et les affiches du jour).

Parmi les visiteurs attirés à ces fêtes merveilleuses, il en est qui veulent voir tout en un jour. Ceux-là, les voyageurs *curieux* dont parle Sterne, parcourent au pas de course les salles et les galeries du château, le parc, l'orangerie, le grand et le petit Trianon; ils passent en revue tous les bassins et toutes les statues.

Nous n'accomplirons pas, quant à nous, ce travail d'Hercule. Nous ne visiterons pas aujourd'hui avec nos lecteurs et nous ne les engagerons pas à visiter ce beau palais qui contemple du haut de sa royale grandeur le parc et les jardins dessinés par le Nôtre. Une journée entière est à peine suffisante pour admirer les bosquets, les grottes humides, les bassins de marbre, les jets d'eau fantastiques, les cascades, les gerbes étincelantes, et ce monde de Nymphes, de Satyres, de Tritons et de dieux de la mythologie, créé par Girardon, le premier de tous ces grands artistes, et ses dignes émules les Coysevox, les Coustou et les Puget; monde charmant que chantait la Fontaine :

> « C'est pour nous divertir que les Nymphes sont faites,
> C'est pour nous, dans ce bois, que de savantes mains
> Ont mêlé les dieux grecs et les Césars romains. »

Avant de commencer notre promenade, nous prévenons les étrangers et les voyageurs à qui nous servons de guide, que nous nous sommes attaché à leur tracer un itinéraire si clair et si facile, qu'ils n'auront absolument qu'à nous suivre pas à pas. Aucun secours étranger ne leur sera nécessaire pour s'orienter à travers les jardins et les nombreux bosquets qui forment l'admirable parc de Versailles et pour en voir toutes les merveilles. Nous avons combiné cet itinéraire de façon à visiter tous les bassins dans l'ordre où jouent successivement les eaux. C'est sur les lieux mêmes, consciencieusement étudiés, que nous avons tracé la route qu'il importe de parcourir.

Dirigeons-nous, sans perdre de temps, par le vestibule de

la chapelle, vers le perron de la terrasse, au pied même de la façade du château, et, chemin faisant, disons quelques mots sur la provenance des eaux de Versailles.

Provenance des eaux du parc.

Malgré l'opinion généralement admise, la machine de *Marly* n'a jamais alimenté les eaux jaillissantes du parc. Ces eaux viennent de nombreux étangs, dont les principaux sont ceux de Trappes ou de Saint-Quentin, Saclay, Bois-d'Arcy, Saint-Hubert, Perray, etc. Le développement total des rigoles est de 157 652 mètres, sur une largeur de 20 mètres environ.

Le système des étangs fournit des *eaux hautes* et des *eaux basses*.

Les eaux hautes, qui sont celles de Trappes, viennent par un aqueduc souterrain de 10 772 mètres de long, et se réunissent à l'est de Versailles, dans les bassins de Montbauron. Les eaux basses viennent de la plaine de Saclay; elles sont d'abord réunies dans des étangs, et traversent ensuite la vallée de Buc au moyen d'un *aqueduc* qui a 22 mètres de hauteur, et qui a été construit en 1686. Elles arrivent à Versailles à un niveau de 13 mètres plus bas que celles du bassin de Montbauron. On dispose pour le jeu des eaux du parc de 3 138 691 mètres cubes d'eau par an.

Il faut distinguer dans le jeu des eaux ce qu'on appelle les *petites eaux* et les *grandes eaux*. Les premières *jouent* plus souvent que les secondes, qui se composent de bassins réservés, tels que la *Salle de Bal*, la *Colonnade*, les bains d'Apollon, et surtout du *bassin de Neptune*. Les *petites eaux* commencent ordinairement à jouer vers trois heures. A quatre heures commencent les *grandes eaux*; et, à partir de ce moment, outre les jeux nouveaux des bosquets, d'autres bassins, tels que ceux de Latone et d'Apollon, reçoivent un plus grand développement de leurs eaux jaillissantes. C'est alors qu'il faut savoir se diriger dans le parc pour visiter tour à tour ces merveilleux spectacles hydrauliques.

Parterre d'eau. — Fontaines du Point-du-Jour et de Diane.

Nous commençons, avons-nous dit, notre promenade dans le parc et les jardins par le perron de la grande terrasse sur laquelle le château étend sa façade, longue de 415 mètres, percée de 375 fenêtres et ornée de 90 statues. Quatre statues en bronze, d'après l'antique, sont adossées au bâtiment du milieu : *Silène, Antinoüs, Apollon-Pythien* et *Bacchus*.

Aux angles, deux vases en marbre blanc, d'une rare beauté, ornés de bas-reliefs représentant, celui du nord, la victoire des impériaux sur les Turcs à l'aide des secours de Louis XIV, et la réparation offerte par l'Espagne à la France, à l'occasion de l'insulte faite à Londres à l'ambassadeur français, par Coysevox; celui du sud, sculpté par Tuby, les conquêtes de Louis XIV en Flandre et la paix de Nimègue.

A nos pieds s'étendent les deux grands bassins du *Parterre d'eau*.

Ces deux bassins, contournés aux quatre angles, sont bordés par des tablettes de marbre blanc sur lesquelles reposent vingt-quatre groupes en bronze, fondus par les frères Keller, vers 1688 et 1690.

Au bassin du nord, en descendant de la terrasse, la *Garonne* et la *Dordogne*, modelées par Coysevox, fondues par les frères Keller; à l'autre bout, la *Seine*, par Regnaudin, et la *Marne*, par le Hongre.

Au bassin du midi, le *Rhône* et la *Saône*, par Tuby; à l'autre bout, la *Loire* et le *Loiret*, par Regnaudin.

Sur les longs côtés sont huit Nymphes ou Naïades groupées avec des *Amours* ou des *Zéphyrs*, huit groupes de trois enfants, les uns montés sur des dauphins, d'autres jouant

Le palais de Versailles, vu du jardin.

avec des oiseaux et tenant des couronnes de fleurs, des roseaux, des coquilles. Ces groupes sont l'œuvre de Legros, le Hongre, Van Clève, Magnier, Poultier, Raon, l'Espignola.

Du milieu de chaque bassin s'élance une gerbe d'environ 10 mètres, qu'entourent seize jets inclinés formant la corbeille.

Devant les deux ailes du palais s'étendent deux parterres appelés le *parterre du Midi* et le *parterre du Nord*.

La fontaine, du côté de l'*Orangerie*, est appelée *Fontaine du Point-du-Jour*, du nom d'une statue qui l'avoisine ; et celle du côté de la chapelle, *Fontaine de Diane*, à cause de la statue qui est placée à côté. Des deux côtés de la *Fontaine du Point-du-Jour* sont deux statues, l'une de l'*Eau*, œuvre charmante de Legros (dessin de le Brun), à gauche ; l'autre du *Printemps*, par Magnier (dessin de le Brun), à droite. Des deux côtés de la *Fontaine de Diane*, deux autres statues représentent, à gauche, le *Midi* sous la figure de *Vénus*, par G. Marsy, et, à droite, le *Soir*, sous la figure de *Diane*, par Desjardins.

Sur l'appui de la bordure supérieure de chacune de ces deux fontaines sont des groupes d'animaux d'une superbe tournure : les uns lancent de l'eau dans le bassin supérieur, les autres dans le second. Ils représentent : un tigre terrassant un ours ; un limier abattant un cerf, modelés par Houzeau ; un lion terrassant un loup, un lion combattant un sanglier, par Van Clève.

De la fontaine de Diane, nous nous rendons par une allée en pente, bordée d'ifs et de statues, à la grille du bosquet d'Apollon, ouverte au public les jours des grandes eaux.

Bosquet des Bains d'Apollon.

Ce bosquet, adossé au bassin de la fontaine de Diane, fut composé en 1778 par Robert, qui était alors très à la mode comme dessinateur de jardins irréguliers. Il renferme un immense rocher dans lequel on a pratiqué une grotte décorée

La toilette d'Apollon.

du célèbre groupe en marbre d'*Apollon et des Nymphes*, dû au ciseau de Girardon et de Regnaudin.

A droite et à gauche, et à quelque distance de ce groupe principal, sont : deux coursiers d'*Apollon* abreuvés par des *Tritons*, ouvrage de Guérin; et des *Tritons* tenant deux coursiers dont l'un mord la croupe de l'autre qui se cabre, par les frères Marsy.

Il est digne de remarque que, dans le groupe d'Apollon, une des Nymphes agenouillée tient une aiguière sur laquelle est sculpté le passage du Rhin. C'est toujours Louis XIV qui est le véritable dieu adoré sous l'image du dieu du soleil.

Le groupe d'*Apollon* est le plus parfait ensemble de sculpture qui existe à Versailles.

Du bosquet d'Apollon au bassin de Latone.

Sortons maintenant du bosquet d'Apollon par la grille qui s'ouvre à l'extrémité opposée, et dirigeons-nous vers le bassin de *Latone*, en remontant la rampe qui s'élève à sa gauche. Nous remarquons, chemin faisant, les statues de

Ganymède et *Jupiter* sous la forme d'un aigle (d'après l'antique), par Laviron;

Uranie (d'après l'antique), par Frémery;

L'empereur *Commode* sous la figure d'*Hercule* (d'après l'antique), par Nicolas Coustou;

L'impératrice *Faustine* sous la figure de *Cérès* (d'après l'antique), par Regnaudin;

Bacchus (d'après l'antique), par Granier.

Nous descendons alors le grand escalier du milieu, d'où l'on découvre la plus belle vue du parc. Aux angles sont deux beaux vases, par Dugoulon et Drouilly, représentant le Soleil et une tête de bélier. Quatre autres vases, placés sur le second perron formant terrasse, ont été faits à Rome, d'après l'antique, par Grimaud et d'autres élèves.

A droite et à gauche du bassin se trouvent huit autres vases, dont trois représentent le sacrifice d'*Iphigénie*; trois autres, une fête de *Bacchus*, composée par Cornu, d'après les vases antiques qui sont à Rome à la villa *Borghèse* et à celle des *Médicis*. Les deux derniers vases, de Hardy et de Prou, représentent : le premier, un jeune *Mars* sur un char tiré par des loups et précédé des génies de la guerre; le second, *Mars* assis sur des trophées et couronné par les mêmes génies. Mais nous voilà devant le bassin de Latone.

Bassin de Latone.

Le bassin de Latone est au milieu du parterre. Sur le plus élevé des quatre gradins de marbre rouge, étagés en pyramide, dont il se compose, a été placé le groupe des frères Marsy : *Latone*, avec ses deux enfants, *Apollon* et *Diane*, qui demande vengeance à *Jupiter* contre les insultes des paysans de la *Lycie*. Çà et là, au pourtour et sur les gradins, cent soixante-quatorze grenouilles, lézards, tortues, paysans et paysannes, dont la métamorphose commence, lancent contre la déesse des jets d'eau qui croisent dans tous les sens leurs gerbes brillantes.

Ovide a métamorphosé ces insulteurs en grenouilles, mais il avait oublié de changer leurs imprécations en ces jets d'eau, symbole mythologique expliqué d'une manière brillante et paradoxale par M. Michelet :

« Ces eaux, qui montent et descendent avec tant de grâce et de majesté, expriment la vaste circulation sociale qui eut lieu alors pour la première fois, la puissance et la richesse montant du peuple au roi, pour retomber du roi au peuple, en gloire, en bon ordre, en harmonie. La charmante *Latone*, en laquelle est l'unité du jardin, fait taire de quelques gouttes d'eau les insolentes clameurs du groupe qui l'assiége; d'hommes, ils deviennent grenouilles croassantes : c'est la royauté triomphant de la Fronde. »

N'oublions pas les deux petits bassins, dits des *Lézards*,

avec des gerbes de dix mètres environ, placés plus bas, dans le parterre, et faisant suite aux métamorphoses des paysans de la Lycie.

Du bassin de Latone au bosquet de la Cascade.

Maintenant il faut remonter l'escalier à droite et reprendre la grande rampe qui correspond à celle que nous suivions tout à l'heure. Ici encore nous trouvons en descendant une rangée de statues intéressantes. Ce sont :

Le Point du Jour ayant un coq à ses pieds, par Marsy (dessin de le Brun);

Le poëme lyrique, par Tuby (dessin de le Brun);

Le feu, par Dozier (dessin de le Brun);

Tiridate, roi des Parthes (d'après l'antique), par André;

Vénus Callipyge (d'après l'antique), par Clairion;

Silène portant le petit Bacchus (d'après l'antique), par Mazière;

Antinoüs (d'après l'antique), par Legros;

Mercure (d'après l'antique), par Mélo;

Uranie (d'après l'antique), par Carlier;

Apollon du Belvédère (d'après l'antique), par Mazeline.

Au bas de la rampe, nous tournons dans la première petite allée à gauche; puis, toujours à gauche, dans une grande allée; et enfin dans une impasse, pour gagner l'entrée du bosquet de la *Cascade*, dit *Salle de bal*.

Bosquet de la Cascade, dit Salle de bal.

Ce bosquet, construit par le Nôtre, à son retour d'Italie, est de forme elliptique et présente au fond une cascade composée de huit gradins en rocailles et en coquillages, et enrichie de vases et de torchères en métal bronzé. Les nappes d'eau qui tombent d'un gradin sur un autre forment un charmant coup d'œil, dont l'effet a été quelquefois augmenté en plaçant, dans les cavités qui s'étendent à chaque gradin sous les rocailles, des lumières colorées, par-dessus lesquelles les eaux se jouaient dans leur chute.

Au-dessus de l'amphithéâtre de verdure, et en face de la cascade, est un joli groupe en marbre représentant l'*Amour* terrassant un *satyre*.

On a appelé ce bosquet *Salle de bal*, parce qu'il a servi à cet usage dans plusieurs grandes fêtes. Un tableau du temps représente Mme de Maintenon y conduisant Mlle de Blois, fille du roi et de Mme de Montespan, depuis femme du duc d'Orléans, régent.

On lit dans le journal de Dangeau que le grand Dauphin, après avoir été courre le loup, se plaisait quelquefois à y donner à dîner aux chasseurs.

Du bosquet de la Cascade au bosquet de la Colonnade.

Nous reprenons le chemin qui nous a conduits à la Salle de bal; nous apercevons en face de nous le petit bassin de *Bacchus*, auquel nous donnons un regard : le dieu est à demi couché, entouré de quatre petits satyres et de grappes de raisin. C'est une des œuvres les plus gracieuses de Marsy.

Nous gagnons de là le *Tapis vert*, que nous apercevions tout à l'heure du pied du bassin de *Latone*. C'est une immense nappe de gazon où il n'est pas rare de rencontrer des parieurs qui essayent, un bandeau sur les yeux, d'arriver jusqu'à l'extrémité opposée sans avoir dévié et quitté l'herbe pour le sable. Rien n'est beau, par une douce soirée d'été, comme ce rendez-vous d'une société élégante qui a déserté le Paris du dimanche pour venir respirer à Versailles la fraîcheur des eaux et des bois.

Nous sommes au centre de la demi-lune en face du canal qui s'étend avec majesté devant nous; nous descendons le

Tapis vert au milieu d'une double haie de douze vases ornementés et de quatorze statues dont voici les noms :

Côté gauche (midi) : *Castor et Pollux* sacrifiant à la Terre, par Coysevox ;

Aria et Pætus (d'après l'antique), par l'Espignola ;

La Fidélité, par Lefèvre (d'après un dessin de Mignard) ;

Vénus sortant du bain, par Legros ;

Un Faune chasseur, par Flamen ;

Didon sur son bûcher, par Poultier ;

Une Amazone (d'après l'antique), par Buirette ;

Achille sous l'habit de *Pyrrha*, par Vigier ;

Côté droit (nord) : *Laocoon et ses fils* (d'après l'antique), par Tuby ;

La Fourberie, avec un masque et un renard (dessin de Mignard), par Lecomte ;

Une *Junon*, en marbre de Paros (antique) ;

Hercule et *Télèphe*, par Jouvenet ;

Vénus de Médicis (d'après l'antique), par Frémery ;

Cyparisse caressant son cerf, par Flamen ;

Artémise, commencée par Lefèvre, achevée par Desjardins.

A peu près aux deux tiers du Tapis vert, à gauche, nous apercevons le bosquet de la *Colonnade*, où nous entrons.

Bosquet de la Colonnade.

Ce bosquet offre aux regards un péristyle en marbre de forme circulaire, d'un riche aspect décoratif ; il est composé de trente-deux colonnes en marbre de différentes couleurs, avec des chapiteaux en marbre blanc. Sur ces colonnes viennent s'appuyer une suite d'arcades cintrées, ornées à leurs clefs de masques de Nymphes, de Naïades ou de Sylvains. Dans les tympans sont des bas-reliefs par Mazière, Granier, le Hongre, Lecomte et Coysevox. Sous les arcades sont placées vingt-huit cuvettes en marbre, de chacune desquelles s'élève un jet d'eau qui retombe en cascade dans le chenal inférieur.

Toute cette architecture a été exécutée par Lapierre, d'après les dessins d'Hardouin Mansart.

Dans l'arène formée au centre de cette salle de verdure est un groupe en marbre blanc, par Girardon, d'après les dessins de Lebrun, ouvrage plein de mouvement, mais d'un dessin mou. Il représente l'*Enlèvement de Proserpine par Pluton*,

Le Tapis vert.

dont les bas-reliefs du piédestal figurent les diverses scènes.

Après avoir fait le tour de la Colonnade, nous reprenons le Tapis vert, et nous descendons jusqu'au bassin d'Apollon.

En avant de ce bassin, plusieurs statues de marbre sont adossées aux massifs des bosquets :

Les principales sont : *Ino* et *Mélicerte* se précipitant dans la mer, d'après Girardon; *Aristée* et *Protée*, par Slodtz ; le *Printemps*, par Mazière; *Jupiter*, par Clairion.

Bassin d'Apollon et Canal.

Au bout de la grande allée du Tapis vert, et dans l'axe du palais, se trouve le *bassin d'Apollon*, le plus grand du parc après celui de Neptune.

Au centre est un groupe en plomb représentant *Apollon* sur son char traîné par quatre chevaux et entouré de tritons et de dauphins, exécuté par Tuby sur les dessins de le Brun; le vulgaire, dépoétisant la mythologie, a surnommé ce groupe le *Char embourbé;* mais il faut voir comment il se venge, les jours de grandes eaux, de cette dénomination moqueuse, quand il lance vers le ciel ses puissants jets d'eau, l'un de dix-huit mètres environ, les deux autres de quinze mètres, qui voilent à demi le dieu du jour sous leurs brillantes vapeurs. L'un des chevaux a été refondu et les autres ont été restaurés en 1737 et 1738, par le Moyne.

A la suite de ce beau bassin s'étend le grand canal, qui a soixante-deux mètres environ de large et quinze cent cinquante-huit mètres de long. Sous Louis XIV, cette majestueuse pièce d'eau était couverte de bâtiments de toutes formes, et principalement de gondoles vénitiennes; elles étaient conduites par trois ou quatre cents rameurs et matelots pour lesquels on avait bâti un village dans le bois prochain, qui a conservé le nom de *bois des Matelots*. Les fêtes finissaient toujours par quelque feu d'artifice sur ce canal, et, en 1680, et surtout en 1770, pour le mariage du dauphin, on y avait établi un soleil de feu qui éclairait tout l'horizon, et deux cents chaloupes couvertes de verres de couleur.

Du bassin d'Apollon au bosquet des Dômes.

Après avoir examiné en détail le magnifique bassin d'Apollon et les groupes qui le décorent, nous regagnons le Tapis vert, que nous remontons à peu près jusqu'au tiers de sa longueur. Parvenus en face de la statue de Cyparrisse, nous tournons à gauche, dans une petite allée latérale, où nous

La Colonnade.

ne tardons pas à atteindre la grille du bosquet des *Dômes*, qui fait face à celui de la *Colonnade* décrit ci-dessus, page 18.

Bosquet des Dômes.

Ce bosquet renfermait autrefois deux petits pavillons en marbre blanc, couverts chacun d'un dôme enrichi d'ornements de métal doré. Ces pavillons ont été détruits à cause de leur état de vétusté.

Au milieu est un bassin hexagone environné d'une balustrade en marbre blanc, ainsi qu'une terrasse également entourée d'une seconde balustrade circulaire.

Sur la première de ces balustrades règne un petit canal interrompu par dix-huit petits bassins en coquille, d'où sortent des eaux bouillonnantes qui forment une jolie nappe. Sur le socle et les pilastres de l'autre on admire une suite de bas-reliefs représentant des trophées d'armes des différentes nations de l'Europe, par Girardon, Guérin et Mazeline.

Ce bassin, au centre duquel est une cuvette en marbre blanc, est dans un état regrettable de délabrement. Nous ne le mentionnons qu'à cause des bas-reliefs de Girardon.

Le bosquet est décoré des statues suivantes : *Impératrice romaine* et *Faune dansant* (d'après l'antique); *Bacchus*, par Guil. Coustou; *Diane*, par Frémin; *Vénus de Médicis*, *Isis* (d'après l'antique); *Melpomène* et *Thalie*, statues antiques.

Bassin d'Encelade.

En sortant par la porte opposée, nous suivons une petite allée qui se présente devant nous entre deux charmilles. Arrivés au bout, nous parvenons en tournant à gauche, à l'admirable bassin d'*Encelade*, dont on aperçoit de loin la tête, une main et un bras gigantesques, au milieu des fragments de rochers. Il est à demi enseveli sous les débris de l'Etna. Le jet d'eau qui sort de la bouche du Titan a 23 mètres. C'est un des plus élevés de tous ceux du jardin.

Bassin de Flore.

Nous revenons sur nos pas en reprenant la même allée, nous tournons à gauche et nous nous arrêtons un instant devant le petit bassin de *Flore*, par Tuby, à peu de distance duquel on aperçoit, du côté du château, le bassin de *Cérès*. Flore, à demi couchée, est entourée d'enfants tenant des guirlandes de fleurs. Le groupe est ingénieusement dessiné, et les enfants ont un abandon plein de grâce.

La seconde allée à gauche, à partir de celle que nous venons de quitter, nous conduit directement au bassin de l'*Obélisque*.

Bassin de l'Obélisque ou des Cent tuyaux.

Ce bassin, qui tire son nom de la forme pyramidale que prennent ses eaux jaillissantes, se compose de 100 tuyaux jetant de l'eau et formant une gerbe qui s'élève en obélisque à plus de 24 mèt. Elle retombe en cascades, par les gradins, dans un petit canal qui entoure le bassin construit au milieu d'une vaste salle octogone.

Mais nous voyons la foule se diriger de l'autre côté du parc ; suivons-la en prenant l'allée qui est au delà des Cent tuyaux. Nous arrivons à une grande allée de gazon, le long du mur de clôture du parc, et nous remontons par là jusqu'au plus beau de tous les bassins, celui de *Neptune*.

Bassin de Neptune.

De tous les bassins du parc, le plus grand et le plus remarquable, tant par le caractère grandiose des sculptures qui le décorent que par l'abondance des eaux, est, sans contredit, le bassin de *Neptune*. C'est le jeu des eaux de cette merveille d'hydraulique que l'on réserve en dernier lieu comme une sorte de *bouquet* qui termine magnifiquement la fête féerique des *Grandes eaux*.

Une longue tablette ornée de vingt-deux vases de plomb bronzé, et garnie d'un jet entre chaque vase, règne le long de la façade méridionale de ce bassin; ces jets et ceux qui s'élèvent de chaque vase, au nombre de soixante-trois, sont reçus dans un chenal d'où l'eau s'échappe dans de vastes coquilles placées aux angles, et par des mascarons, pour retomber dans la grande pièce.

Sur la tablette inférieure sont trois vastes plateaux, sur lesquels sont placés des groupes de métal : le groupe central représente *Neptune*, ayant à sa gauche *Amphitrite*, assise dans une grande conque marine, par Adam aîné (1740); celui de gauche : *Protée* gardant les troupeaux de *Neptune* et appuyé sur une licorne, par Bouchardon (1739); celui de droite : l'*Océan*, par le Moyne (1740).

Aux deux extrémités de la tablette circulaire sont placés deux dragons marins montés chacun par un Amour. Ces groupes, en plomb, sont de Bouchardon.

Cette pièce d'eau commence, d'ordinaire, à jaillir vers 5 heures, quand tous les autres bassins ont successivement épuisé leurs gerbes liquides. Il est impossible d'en rendre l'effet magique, quand de toutes les bouches des dieux, des Tritons, des Naïades, des phoques et des chevaux marins, surgissent, bouillonnent, s'entre-croisent des jets d'eau d'une force et d'un volume extraordinaires, qui forment en se réunissant dans leur chute une cascade écumante, et retombent dans la pièce d'eau agitée comme une mer en courroux. Ce spectacle des eaux déchaînées suffirait pour attirer la foule, et termine magnifiquement la série des prodiges de la journée.

Quand nous serons rassasiés de cet incomparable spectacle, nous remonterons par l'*Allée d'eau*, qui s'étend en face de nous, au delà du bassin de *Neptune;* mais auparavant nous entrerons dans le bosquet de l'*Arc de triomphe*, qui s'ouvre

Le bassin de Neptune.

à gauche, à l'entrée. On y voit la *France* assise dans un char et environnée d'attributs et de trophées d'armes. D'un côté se tient l'*Espagne*, appuyée sur un lion ; de l'autre l'*Allemagne*, assise sur un aigle. Sur le premier degré de marbre du char se tord un dragon expirant, symbole de la triple alliance. Ce groupe est de Coysevox, de Tuby et de Prou.

Bassin du Dragon.

Entre le bassin de Neptune et l'Allée d'eau se trouve un grand bassin rond, du milieu duquel s'élancent des jets d'eau inclinés formant corbeille. Appelé bassin du *Dragon*, il était autrefois orné de monstres et de satyres.

Allée d'eau.

Nous allons maintenant remonter l'*Allée d'eau*, dessinée par Perrault, rival heureux de le Nôtre, et à l'entrée de laquelle sont placés huit bassins en marbre blanc, ornés d'un groupe d'enfants en bronze.

Sur chacune des bandes de gazon qui la partagent, on remarque sept groupes de trois enfants chacun, jeunes garçons et jeunes filles, Amours et Satyres, les uns revenant de la chasse, les autres tenant un perdreau, des grappes de raisin ou un chalumeau, les autres enfin jouant avec des poissons, exécutés par Legros, Lerambert et Masson.

Ces groupes sont posés au milieu d'un bassin en marbre blanc. Ils soutiennent une petite cuvette de marbre de Languedoc, du milieu de laquelle s'élève un jet d'eau qui retombe en nappe dans le bassin inférieur.

Cette allée charmante plaisait particulièrement à Mme Dubarry ; elle venait s'y promener souvent suivie de son petit nègre Zamore, que le roi Louis XV avait nommé gouverneur de Luciennes.

A l'extrémité de l'Allée d'eau se trouve un bassin carré, dont la principale face est ornée d'un bas-relief remarquable représentant des Nymphes au bain, par Girardon. D'autres bas-reliefs figurant des fleurs, des Nymphes, des enfants en bronze, ornent les autres faces du bassin. Il est destiné à ser-

Vase du bassin de Neptune. — L'Eau. — Vase Borghèse.

vir de décharge à la fontaine de la *Pyramide*, que nous trouvons immédiatement au-dessus.

Fontaine de la Pyramide.

Cette fontaine, dessinée et exécutée par Girardon, se compose de quatre bassins élevés les uns sur les autres. Des griffes de lion appuyées sur des massifs de pierre supportent le bassin inférieur, qu'environnent quatre Tritons d'une pose aussi légère que hardie ; le second est porté par des tritons ; le troisième, par des dauphins, et le quatrième par des écrevisses.

Des deux côtés, à droite et à gauche de la fontaine de la Pyramide, s'étendent deux jolis bassins en marbre blanc où semblent nager des Sirènes. Ces deux bassins sont appelés les *Couronnes*.

De la Fontaine de la Pyramide au jardin du Roi.

Mais les gerbes s'abaissent, les nappes se tarissent, les eaux vont finir. Ne quittons pas le parc sans faire une visite au jardin du Roi.

Nous montons l'escalier où la statue du *Rémouleur* fait face à la *Vénus à la tortue,* nous traversons les parterres d'eau. Bientôt nous voilà de nouveau devant le bassin de *Latone*. Nous redescendons encore une fois le Tapis vert, nous prenons, après la troisième allée à gauche, une avenue bordée de grands arbres, et nous passons devant un charmant petit bassin, le digne pendant de celui de *Bacchus*.

Girardon y a sculpté *Saturne* entouré de petits enfants, vrais chefs-d'œuvre de grâce et de légèreté. Encore un pas, et nous entrons dans le jardin du Roi.

Jardin du Roi.

(Fermé. — A partir du 1ᵉʳ mai, il est ouvert tous les jours, depuis 2 heures jusqu'au soir.)

Le jardin du Roi, promenade favorite des habitants de Versailles, remplace l'ancien bassin de l'*Ile d'Amour*. Ce bassin ne présentait, depuis longtemps, par suite de l'altération des conduits, qu'une sorte de marais fangeux, lorsque le roi

Louis XVIII, pendant le rigoureux hiver de 1816, ordonna d'employer les indigents à des travaux de terrassement pour transformer ce marécage en un jardin d'arbrisseaux, d'arbustes, de gazons et de fleurs de toutes sortes.

Le plan du jardin, tracé par M. Dufour, architecte du roi, fut exécuté en trois mois; il ne reproduit nullement, comme cela est devenu l'opinion générale, le dessin du jardin de la maison d'Hartwell, que Louis XVIII occupait en Angleterre, mais il renferme une des plus charmantes collections de fleurs qu'on puisse voir.

De la porte d'entrée on aperçoit, sur le tapis de verdure, une colonne surmontée de la statue de *Flore*.

Rien de plus ravissant dans la belle saison que l'ensemble de fleurs aux couleurs vives et fraîches, coquettement encadrées dans la verdure du gazon et servant elles-mêmes de bordures étagées aux massifs des arbustes. Des bancs sont disposés çà et là sous les ombrages pour les promeneurs au milieu de ce parterre verdoyant et embaumé.

Après en avoir fait le tour et l'avoir admiré dans tous ses détails, nous revenons sur nos pas et nous arrivons au bord du bassin, situé en face de l'entrée du jardin. Ce bassin, dans lequel sont deux belles gerbes, a la forme d'un miroir. Deux cygnes au cou de neige parcourent cette nappe d'eau dans tous les sens, et l'animent par leurs gracieuses évolutions.

En sortant du jardin du Roi, nous traversons le *bosquet de Vénus*.

Bosquet de Vénus ou de la Reine.

Ce bosquet remplace l'ancien *labyrinthe*, ainsi nommé à cause de l'entrelacement de plusieurs allées bordées de palissades où on pouvait s'égarer. Au détour de chaque allée se trouvait une fontaine ornée de deux bassins en rocaille et d'une sculpture représentant une fable d'Ésope. Le dessin de ces sculptures avait été fourni par *le Brun*, et les vers placés au bas étaient de la composition de *Benserade*. A l'entrée du bosquet étaient placées les statues d'*Ésope* et de l'*Amour*. Pendant qu'on examinait les statues et qu'on lisait les vers, on oubliait la route qu'on devait suivre. Ces embellissements ont fait place à une décoration plus simple, et cependant très-pittoresque.

Des arbres exotiques forment dans ce bosquet un charmant ombrage; on y remarque surtout un quinconce de tulipiers décoré par quatre beaux vases de métal, au milieu desquels est placée une statue de *Vénus*.

En quittant le bosquet de Vénus, parallèle au mur du parc, nous arrivons au pied de l'un des deux magnifiques escaliers qui descendent du parterre du midi au bâtiment de l'*Orangerie*.

Laissons derrière nous les entrées principales faisant face à la *pièce d'eau des Suisses*, et ornées de trumeaux décorés de deux colonnes d'ordre toscan, qui portent un groupe de figures. Les deux du côté de la ville représentent l'*Aurore* et *Céphale*, *Vertumne* et *Pomone;* les deux du côté du jardin, *Vénus* et *Adonis*, *Zéphyre* et *Flore*. L'espace qui est entre ces portes et les rampes des deux escaliers est fermé par des grilles en fer, coupées par des piliers de pierre surmontés de paniers de fleurs, merveilleux fouillis dus au ciseau de *Pinot*.

Montons les 103 marches de l'escalier, et jetons un coup d'œil sur l'*Orangerie*, chef-d'œuvre de *J. Mansart*, l'un des plus beaux ouvrages d'architecture qu'il y ait au monde.

L'Orangerie.

L'*Orangerie*, construite en 1685 par *Mansart*, est, par le caractère mâle et simple qui la distingue, par l'effet grandiose et pittoresque de ses deux rampes d'escaliers, « le plus bel ouvrage d'architecture qui soit à Versailles. » Elle se compose d'une galerie du milieu, de 155 mèt. de long et 12 mèt. 90 c. de large, éclairée par douze fenêtres cintrées qui sont dans l'enfoncement des arcades, et de deux galeries latérales ayant chacune 114 mèt. 43 c. de long. Ces galeries présentent trois avant-corps; celui de la galerie du fond est de huit colonnes d'ordre toscan, et les deux autres ont chacun quatre colonnes.

Devant le bâtiment, et au pourtour d'un bassin, sont ran-

Versailles, vu de la pièce d'eau des Suisses.

gées, dans la belle saison, près de 1200 caisses d'orangers et de 300 caisses d'espèces variées.

Le plus vieux des orangers est celui qu'on nomme le *Grand-Bourbon*, parce qu'il fut acquis en 1530 par la confiscation des biens du connétable de Bourbon; on croit qu'il fut semé en 1421; il aurait donc 440 ans.

On lit dans le journal de Dangeau, samedi 7 juin 1687 : « Sur les cinq heures, le roi s'alla promener à pied à son

Orangerie, où on a apporté les beaux orangers de Fontainebleau.

Sous le bâtiment du milieu, vis-à-vis de la porte centrale, est une statue en marbre de Louis XIV par Desjardins, destinée en 1686 à être dressée sur la place des Victoires à Paris. La tête, mutilée pendant la Révolution, a été refaite en 1816.

Le parterre du midi, sur lequel nous sommes en ce moment, a porté longtemps le nom de *parterre de fleurs*. On y descend par un escalier de marbre blanc, dont les angles sont ornés de deux *sphinx* en marbre, montés chacun par un enfant en bronze. Sur la tablette des quatre autres perrons sont vingt vases, huit en marbre et douze en bronze.

Ce parterre est orné de deux petits bassins, d'où sort une gerbe, et autour desquels sont des plates-bandes à dessins de broderies formés avec du gazon et du buis.

Sur l'angle de la balustrade qui règne le long du parterre, et qui conduit à un des escaliers dont nous avons parlé, est une statue de *femme couchée*, dite Cléopatre, par Van Clève (d'après l'antique).

Du haut des terrasses qui supportent le parterre du midi, on aperçoit la pièce d'eau des Suisses, dominée par les bois de Satory, et au-dessous de soi le parterre de l'Orangerie, à droite et à gauche duquel sont deux magnifiques escaliers, d'une grandeur tout à fait monumentale, ayant 103 marches chacun et 20 mèt. de large.

Sur la terrasse, à l'extrémité de l'aile du midi, est une statue en plomb de Napoléon Ier, par *Bosio*. Elle était destinée à être placée dans le char de l'arc de triomphe de la place du Carrousel. — Dans une cour perdue au bas de cette terrasse est la statue en bronze du duc d'Orléans, par *Marochetti*, qui fut érigée, en 1844, au milieu de la cour du Louvre.

Nous découvrons du milieu du parterre du midi la belle *pièce d'eau des Suisses*, vis-à-vis de l'Orangerie, à l'extérieur du jardin.

Pièce d'eau des Suisses.

Cette pièce, ainsi nommée parce qu'on a employé un régiment suisse à la creuser en 1679, a près de 400 mèt. de long sur 140 de large; on l'aperçoit très-bien du haut de la terrasse du parterre du midi. A l'extrémité est une statue équestre, qui devait représenter Louis XIV; ce dernier ouvrage du *Bernin* fut envoyé de Rome; Louis XIV en fut si mécontent qu'il voulut la faire briser. Girardon la retoucha et en fit un Marcus Curtius.

Mais laissons la statue de *Bernin* pour l'admirable point de vue qui s'offre en ce moment à nous. Au sud de la belle pièce d'eau que nous venons d'admirer, se dresse une haute colline au sommet de laquelle s'étend le vaste plateau de Satory qui sert tantôt d'hippodrome et tantôt de champ de manœuvre et d'où l'on embrasse d'un regard l'immense étendue des jardins et du palais de Louis XIV et les grands bois qui dominent Versailles de tous côtés. Au pied de cette colline passe le chemin de fer de Paris au Mans, à Angers, à Rennes et à Brest.

Cette nappe d'eau magnifique, ces allées d'arbres qui l'entourent, ces bois qui les couronnent à l'horizon, forment un des plus beaux paysages des environs de Versailles.

Nous quittons le parc, en emportant dans notre mémoire un vif souvenir des magnifiques tableaux variés qui ont frappé nos regards et en remerciant du fond du cœur l'administration vigilante qui a réparé avec tant de soin, dans ces dernières années, les outrages faits par le temps à l'œuvre de Louis XIV.

Ces réparations, commencées en 1851 et 1852 dans le réservoir du parterre supérieur, et aux deux grands bassins du *parterre d'eau*, ont été dirigées avec autant de promptitude que d'habileté.

34 LE PARC ET LES GRANDES EAUX DE VERSAILLES.

Maintenant, Versailles est redevenu digne de son créateur. C'est un des plus beaux monuments de la richesse et de l'art de la France, et nous pouvons avec orgueil le montrer aux étrangers. Ils liront ensuite, sans se laisser abuser, nous en sommes certains, les lignes trop sévères que le duc de Saint-Simon traçait dans ses *Mémoires* à propos du parc que nous venons de parcourir :

« On n'y est conduit dans la fraîcheur de l'ombre que par une vaste zone torride au bout de laquelle il n'y a plus qu'à monter et descendre, et avec la colline, qui est fort courte, se terminent les jardins. La recoupe y brûle les pieds; mais sans cette recoupe on y enfonceroit, ici dans les sables, et là dans la plus noire fange. La violence qui y a été faite partout à la nature repousse et dégoûte malgré soi. »

Notre journée à Versailles est le plus éclatant démenti de ce passage injuste d'un grand historien, qui n'a pu s'exprimer de la sorte sur les merveilles de Versailles que dans un accès de mauvaise humeur.

TABLE DES MATIÈRES.

Le Parc et les grandes eaux de Versailles..................................... 7
Provenance des eaux du parc... 9
Parterre d'eau. — Fontaines du Point-du-Jour et de Diane............... 10
Bosquet des Bains d'Apollon... 12
Du bosquet d'Apollon au bassin de Latone................................ 14
Bassin de Latone.. 15
Du bassin de Latone au bosquet de la Cascade........................... 16
Bosquet de la Cascade, dit Salle de Bal.................................. 16
Du bosquet de la Cascade au bosquet de la Colonnade 17
Bosquet de la Colonnade... 18
Bassin d'Apollon et Canal.. 20
Du bassin d'Apollon au bosquet des Dômes............................... 20
Bosquet des Dômes... 22
Bassin d'Encelade.. 22
Bassin de Flore... 23
Bassin de l'Obélisque ou des Cent tuyaux................................ 23
Bassin de Neptune... 23
Bassin dit du Dragon... 26
Allée d'eau.. 26
Fontaine de la Pyramide... 27
De la fontaine de la Pyramide au jardin du Roi........................... 28
Jardin du Roi... 28
Bosquet de Vénus ou de la Reine... 29
L'Orangerie... 30
Pièce d'eau des Suisses... 33

LISTE DES GRAVURES

1. Vue à vol d'oiseau du château de Versailles, prise de l'avenue de Paris.. 6
2. La Cour royale.. 7
3. Le Palais de Versailles, vu du jardin..................................... 11
4. La Toilette d'Apollon.. 13
5. Le Tapis vert.. 19
6. La Colonnade... 21
7. Le Bassin de Neptune... 25
8. Vase du bassin de Neptune. — L'Eau. — Vase Borghèse....................... 27
9. Versailles, vu de la pièce d'eau des Suisses.............................. 31

Paris. — Imprimerie générale de Ch. Lahure, rue de Fleurus, 9.

www.ingramcontent.com/pod-product-compliance
Lightning Source LLC
Chambersburg PA
CBHW061018050426
42453CB00009B/1509